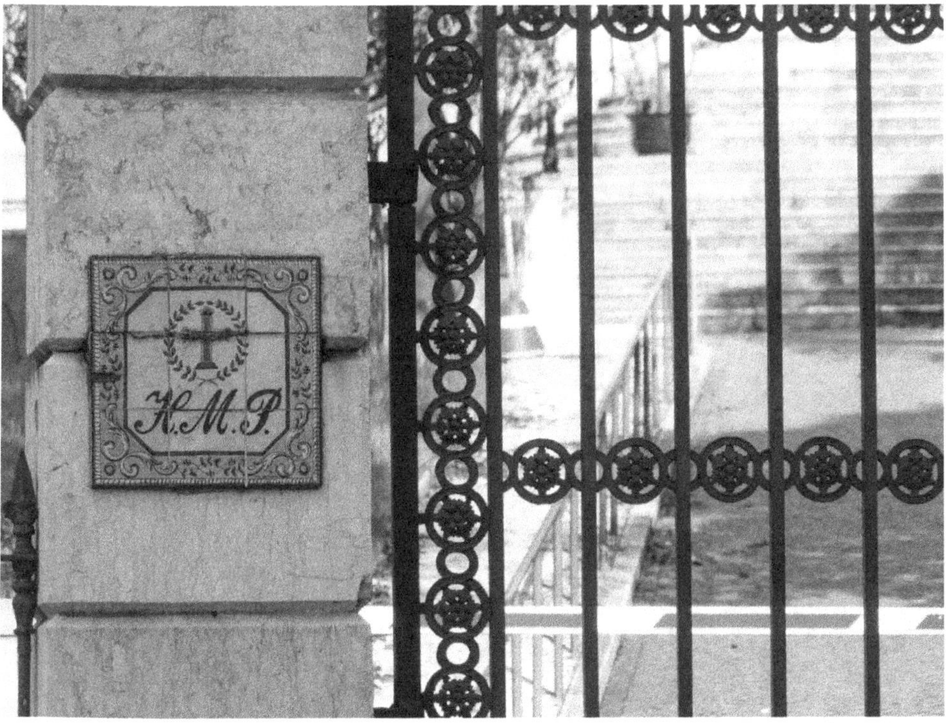
H.M.P.

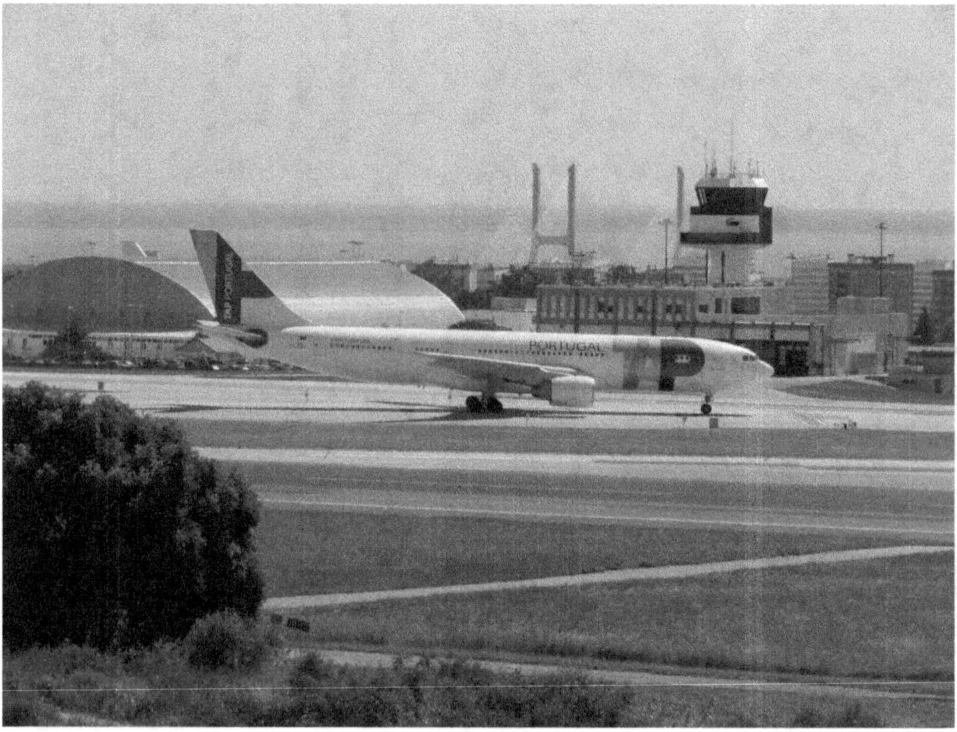
PORTUGAL

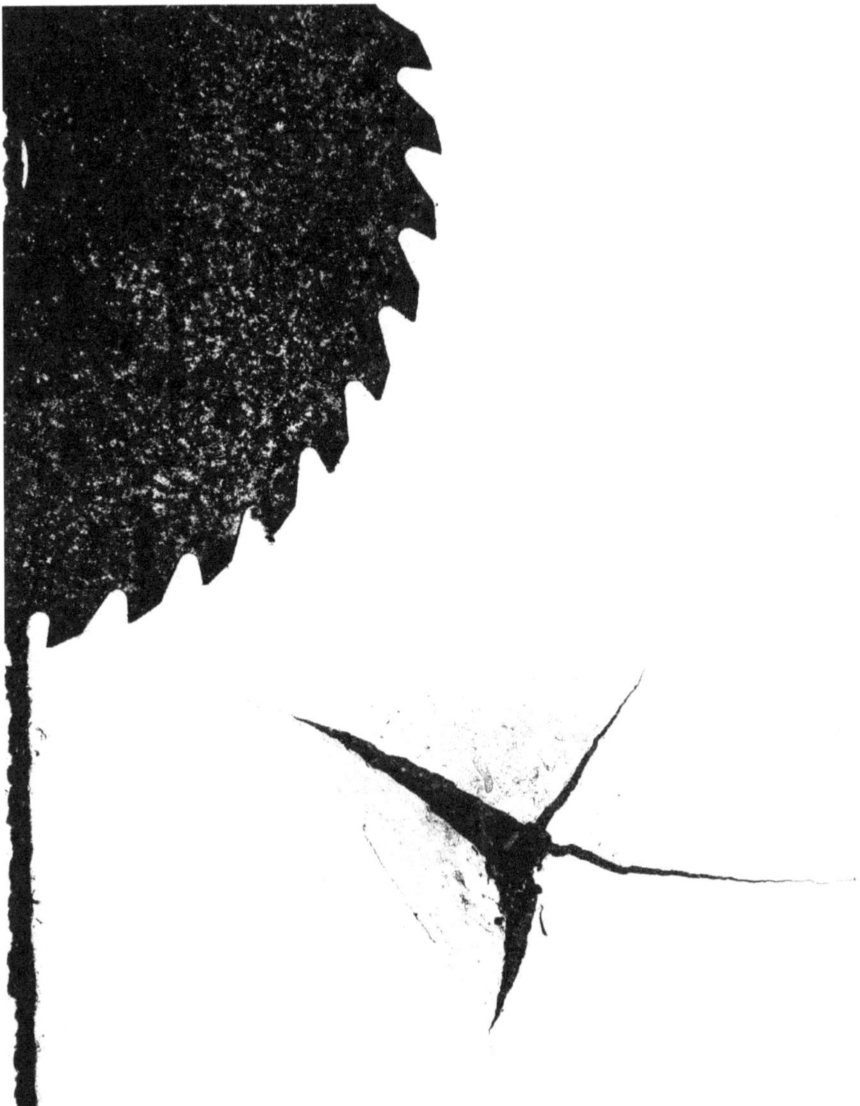

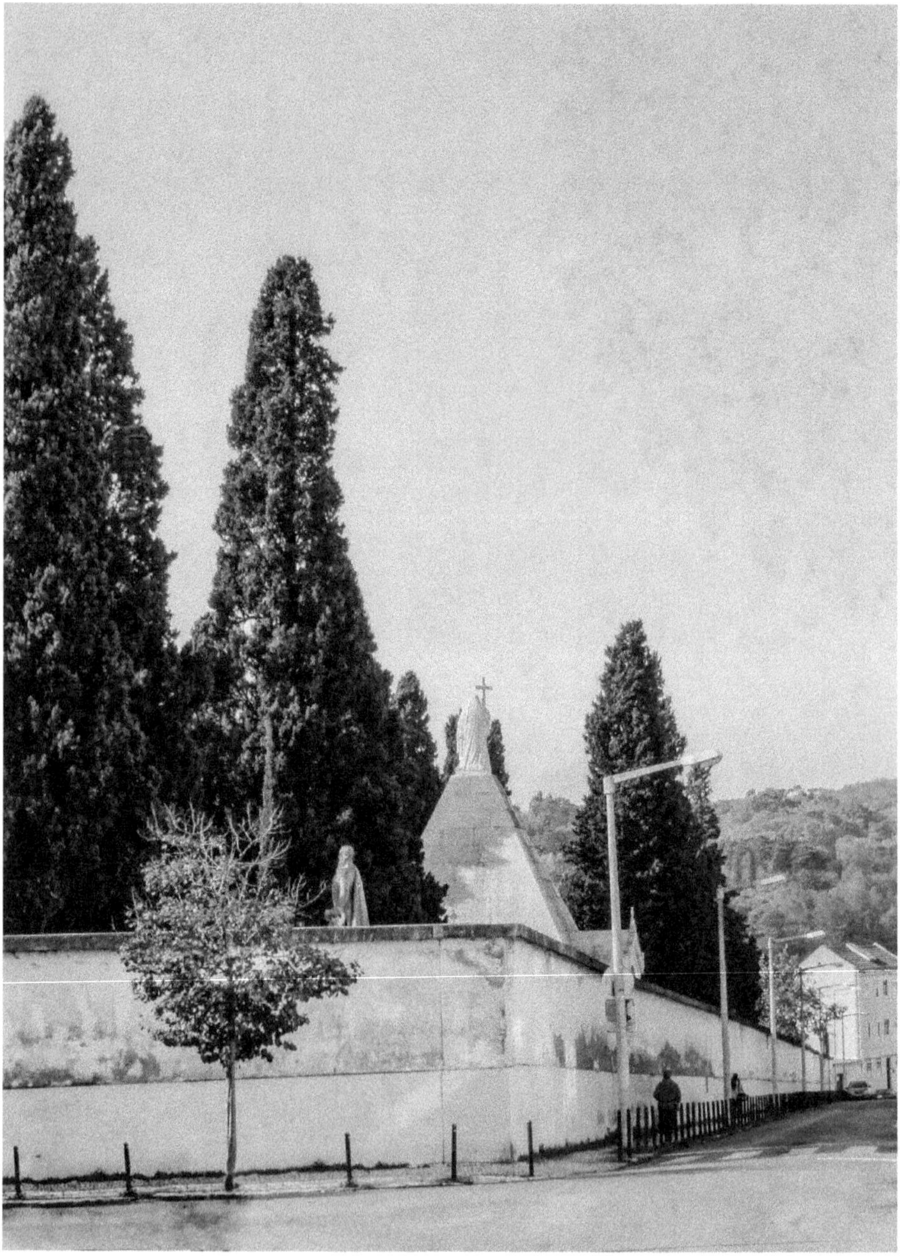

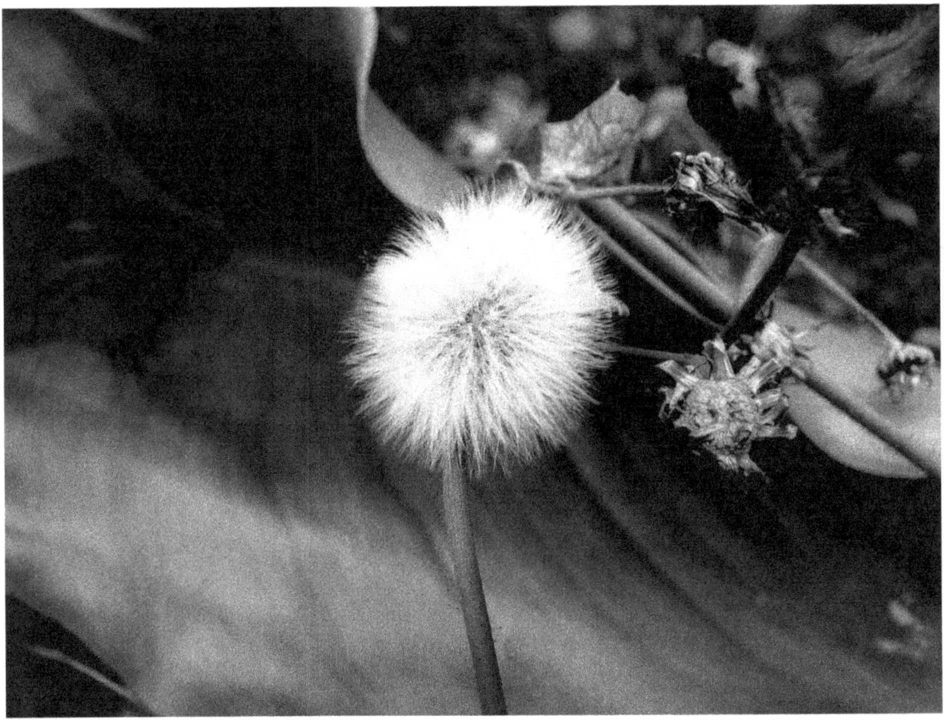

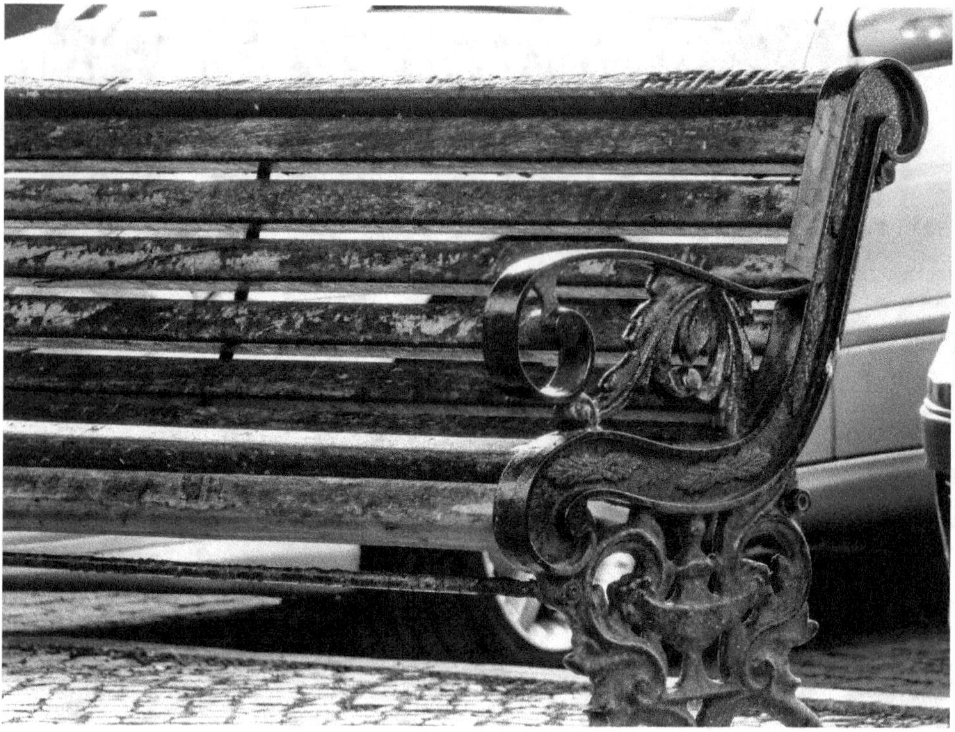

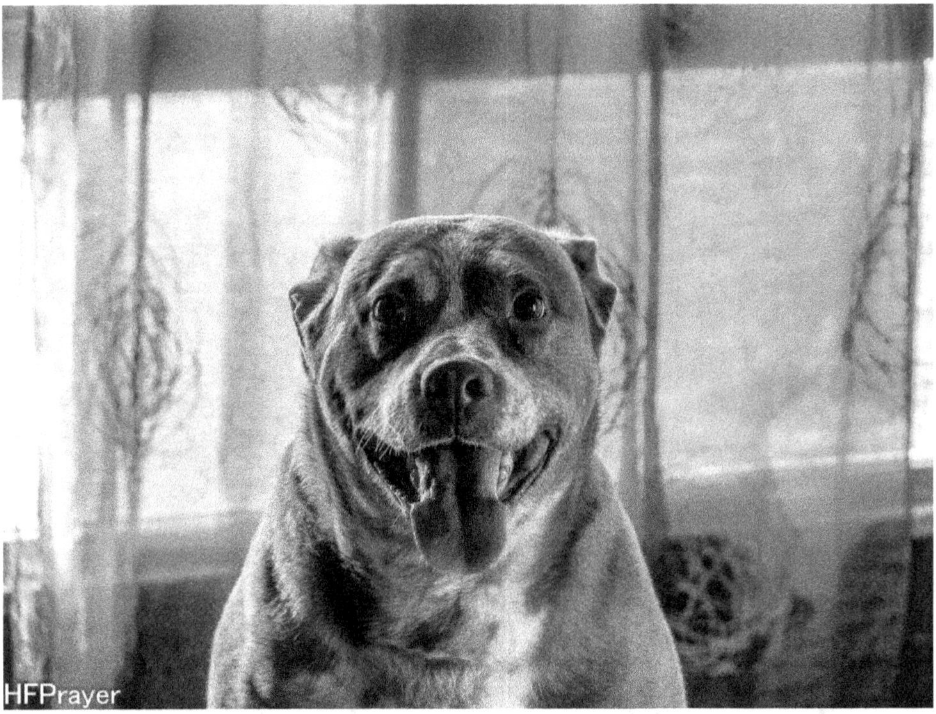
HFPrayer

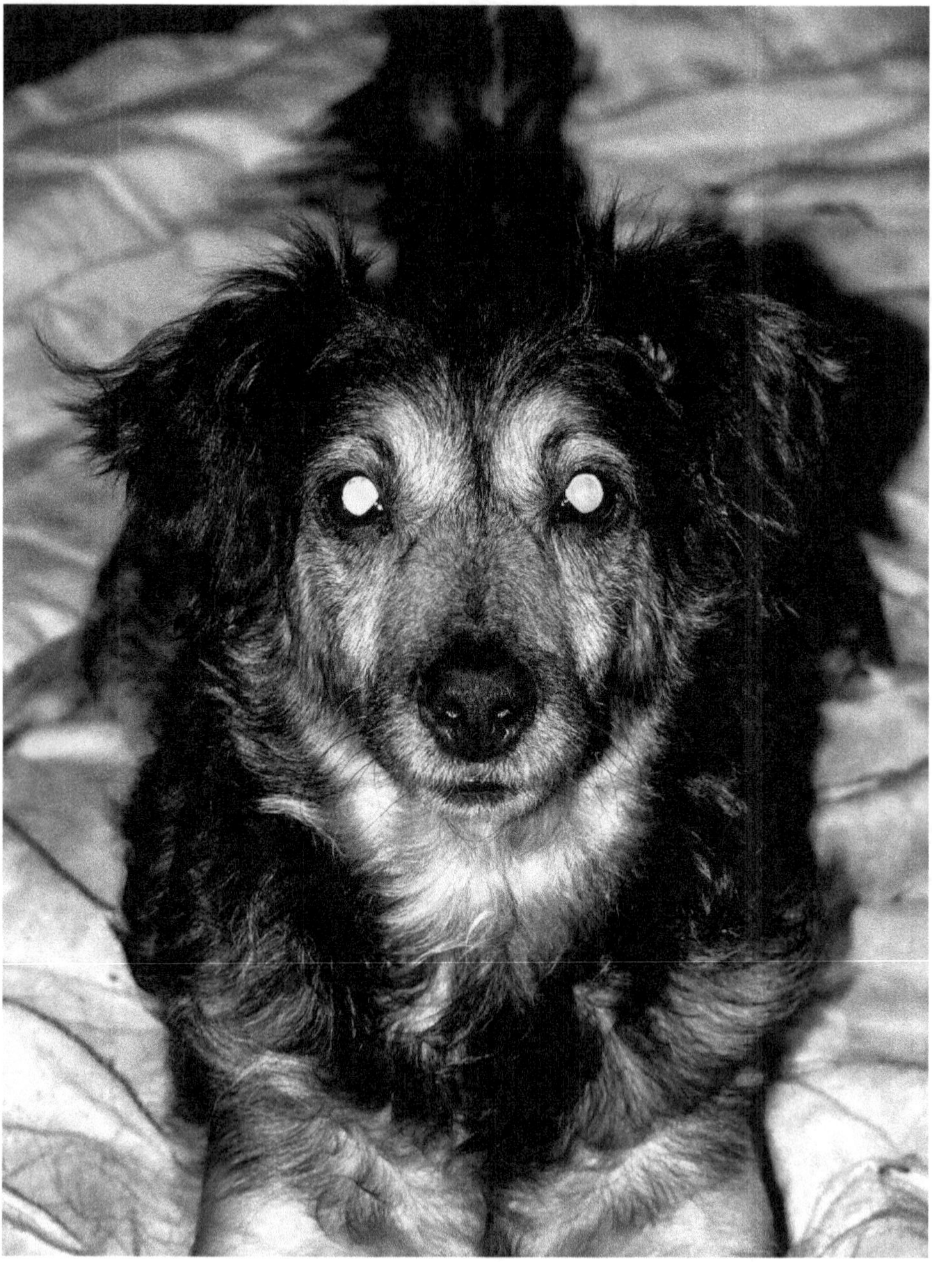

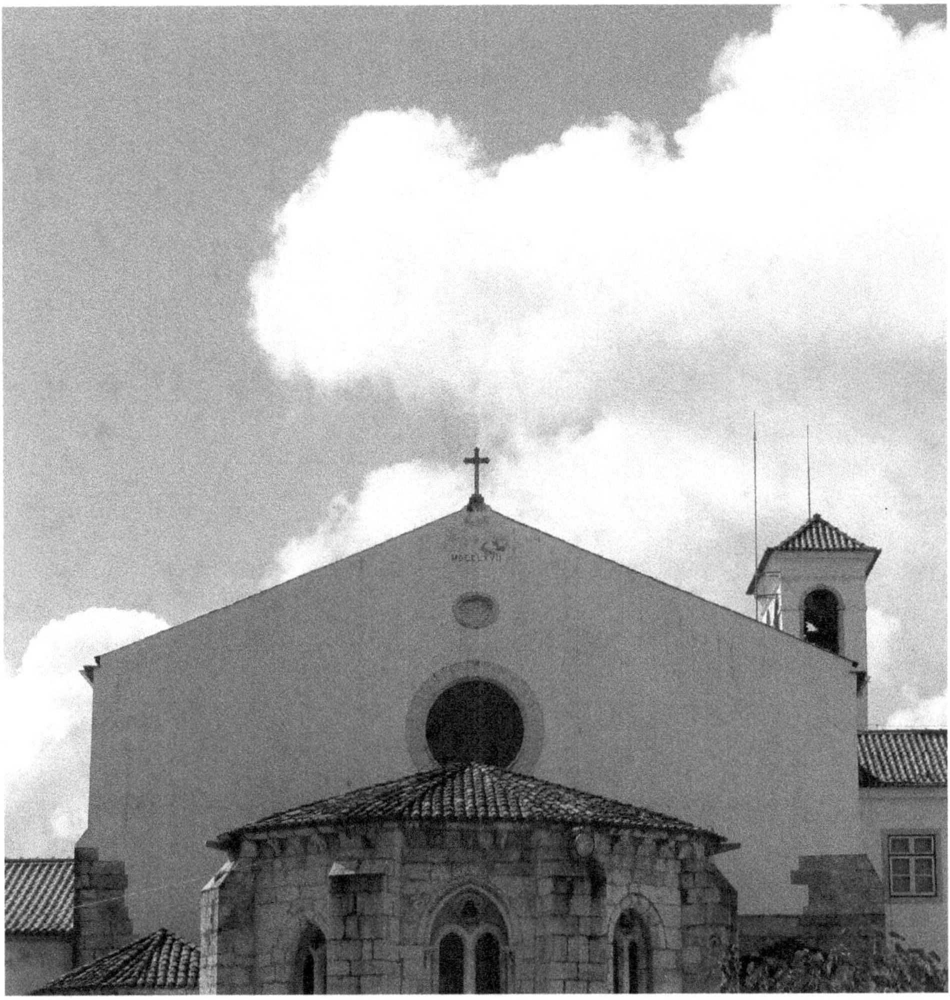

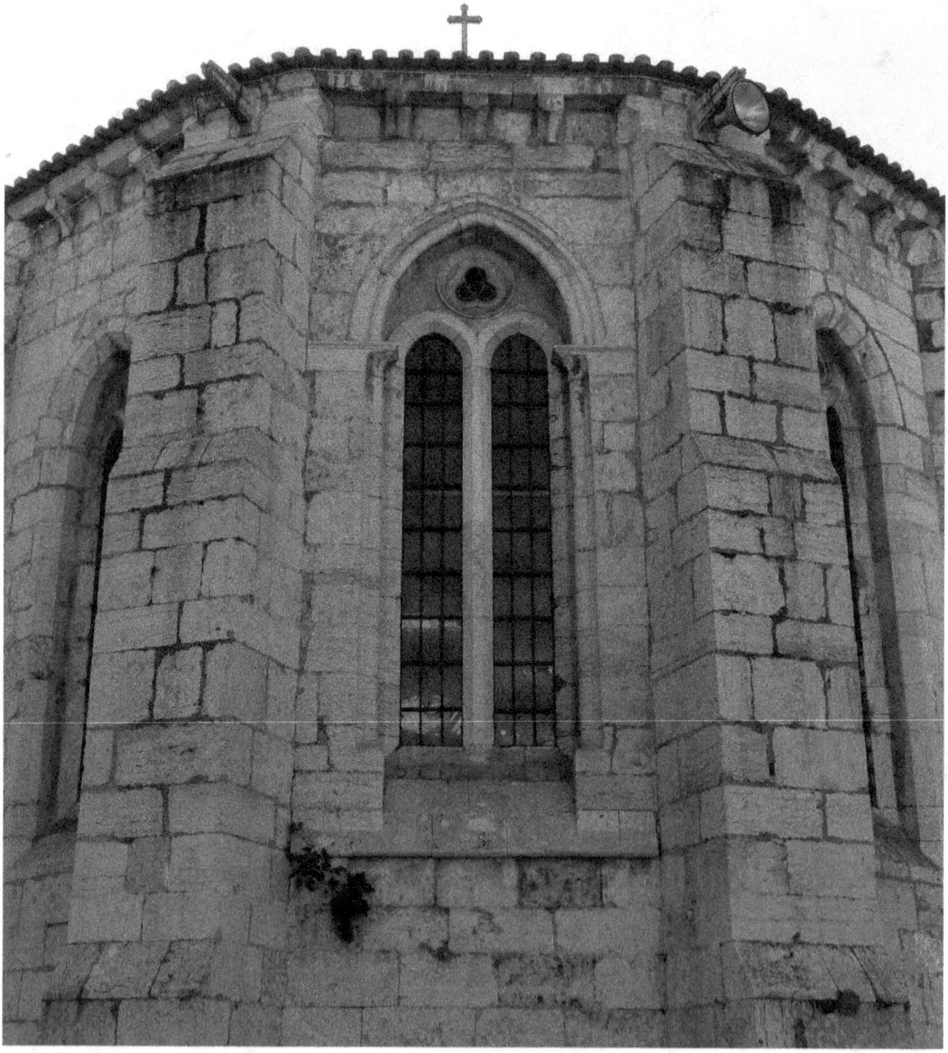

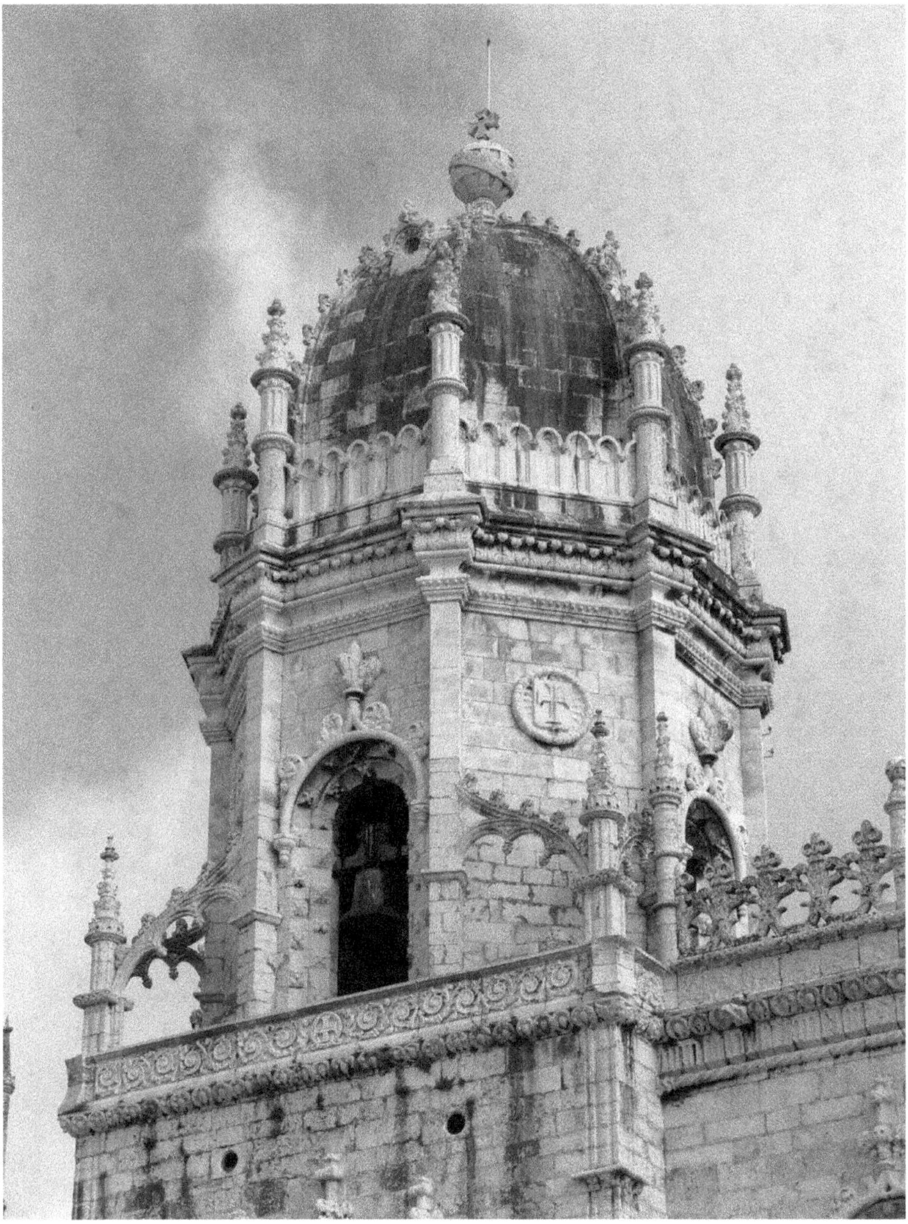

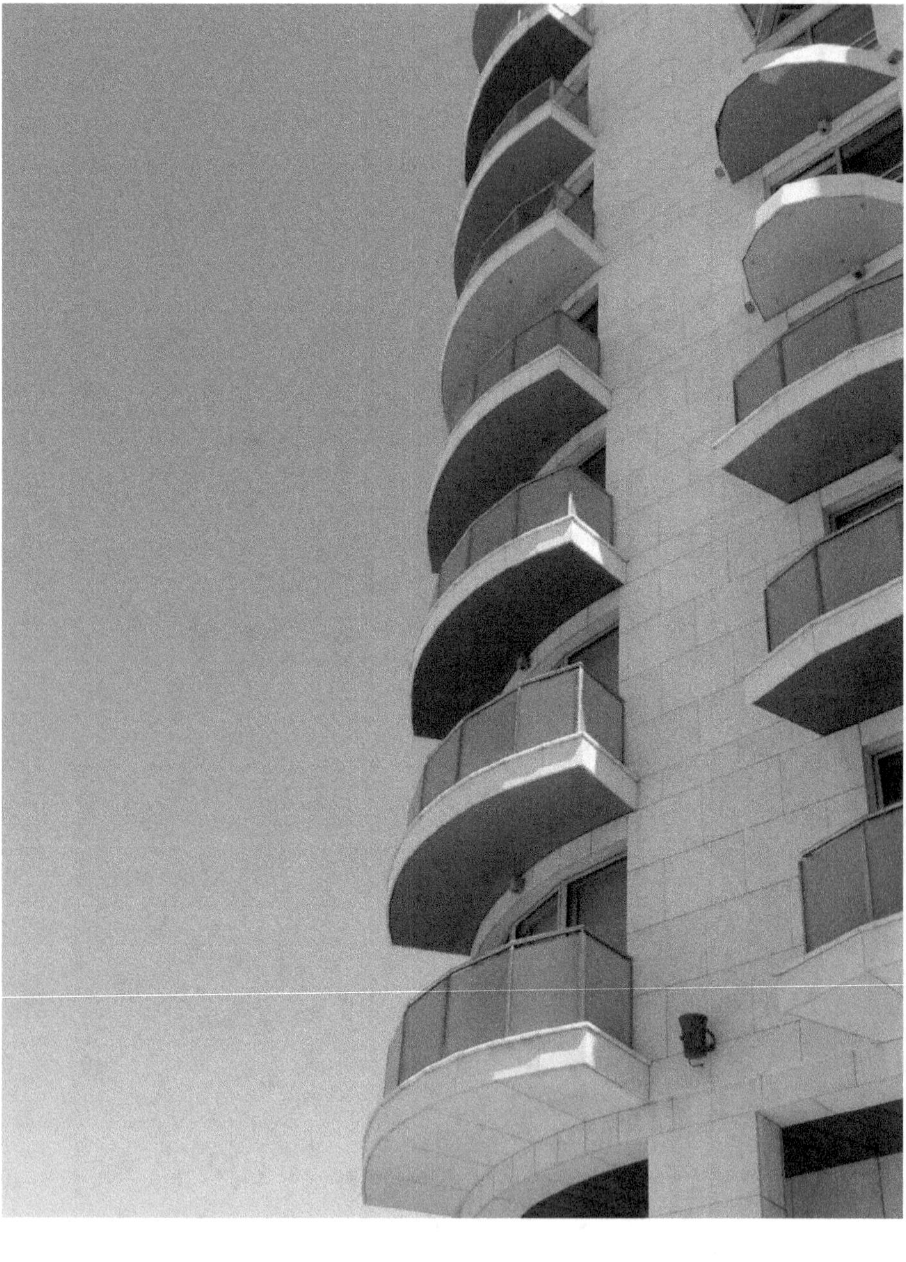

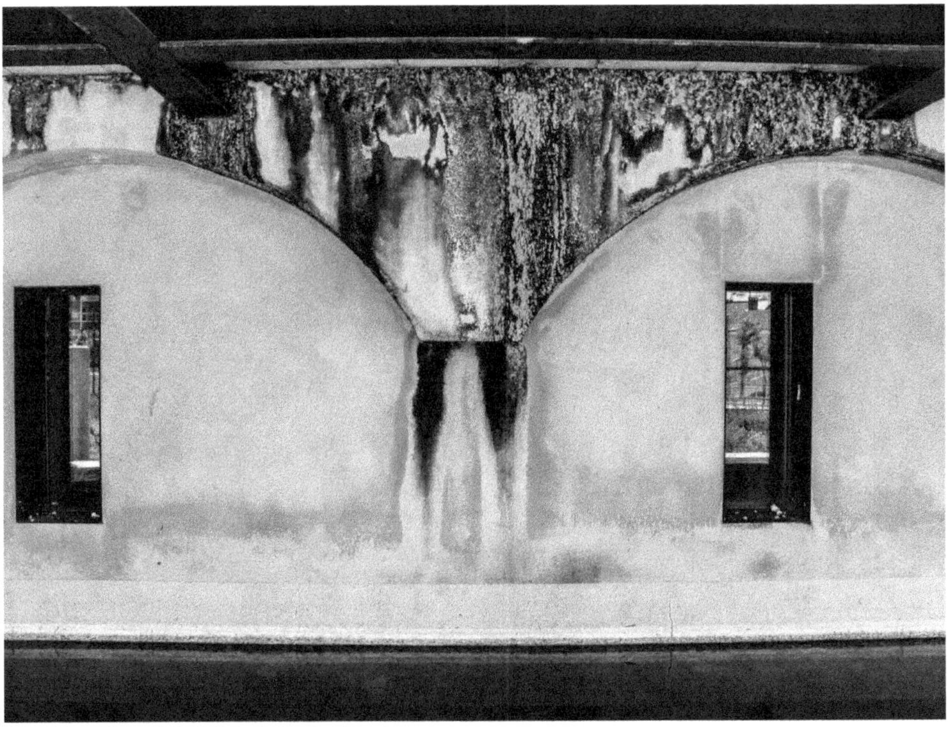

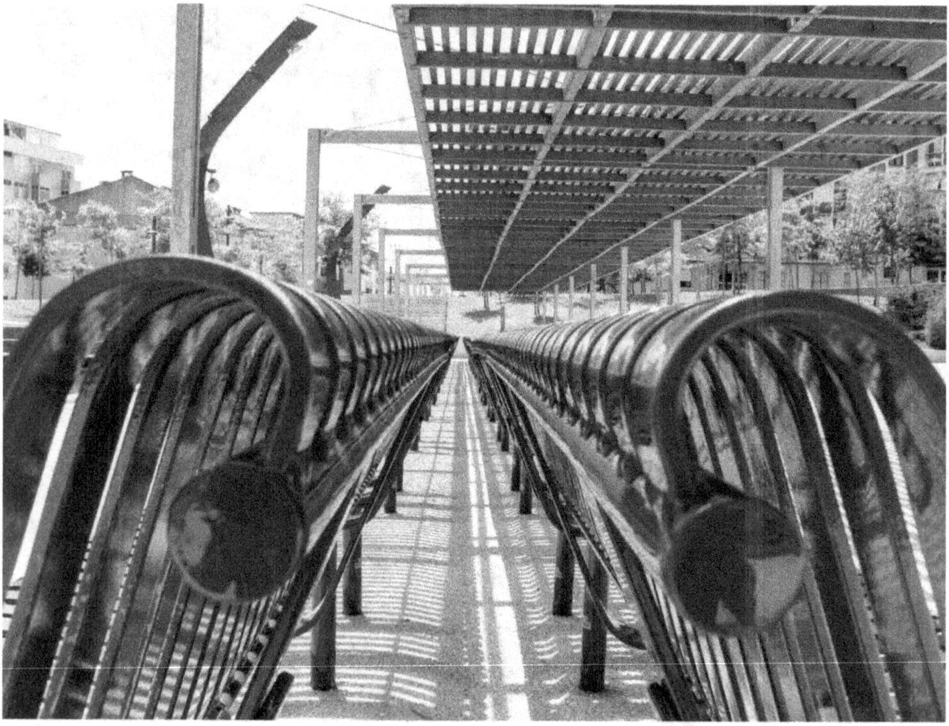

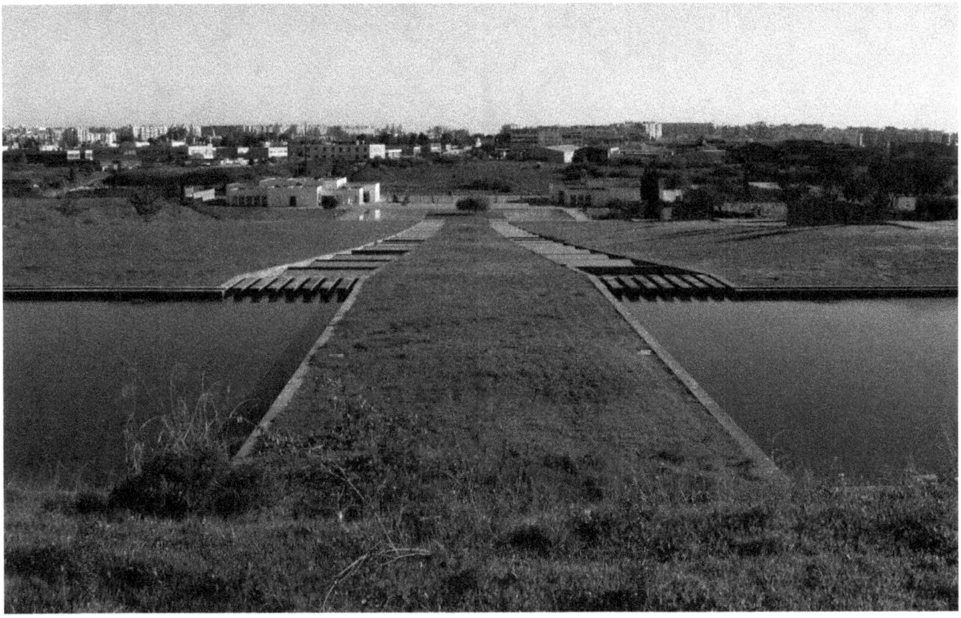

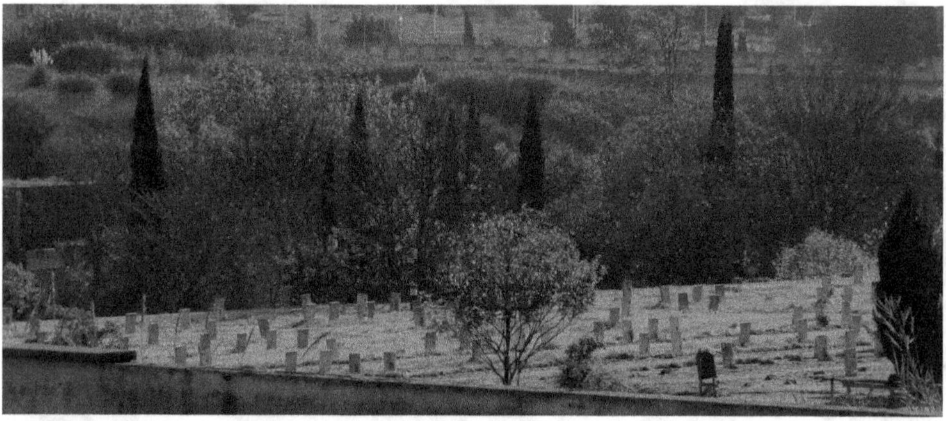

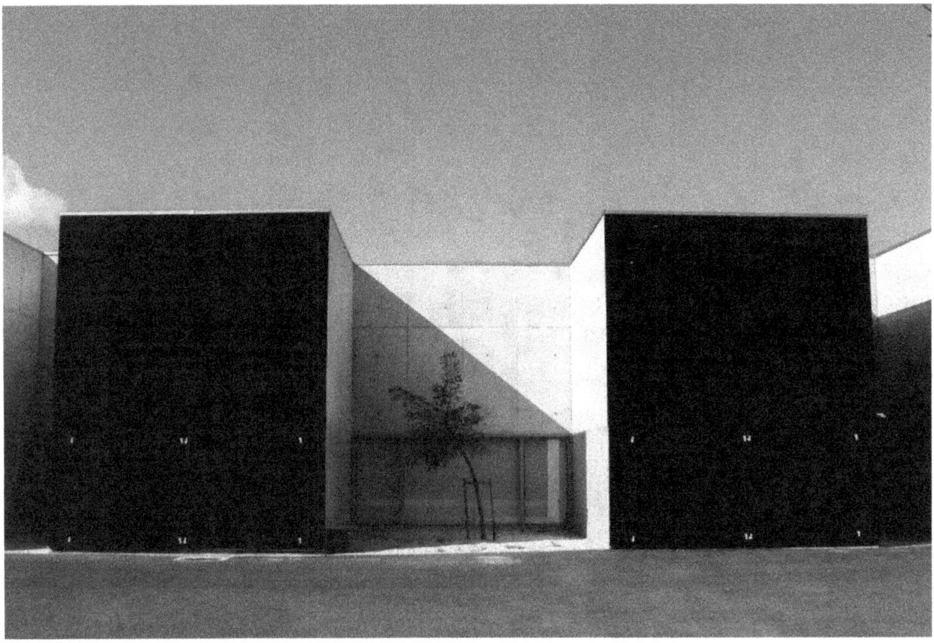

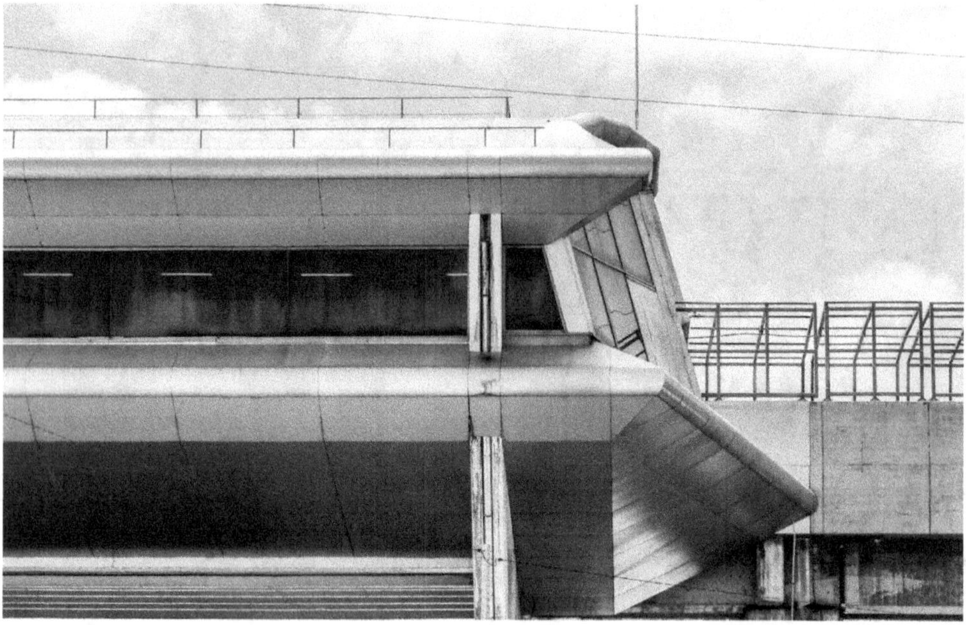

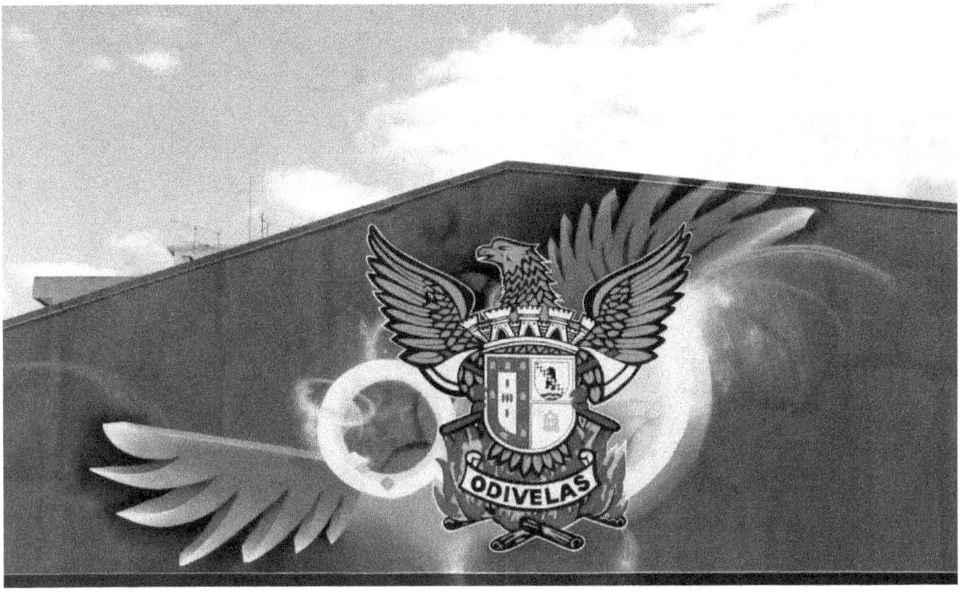
ODIVELAS

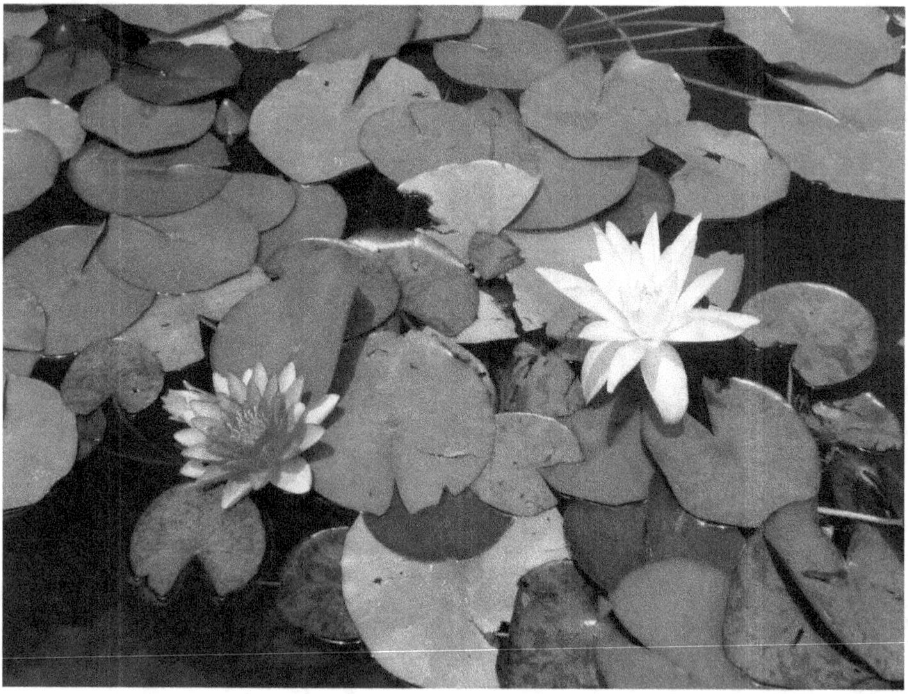

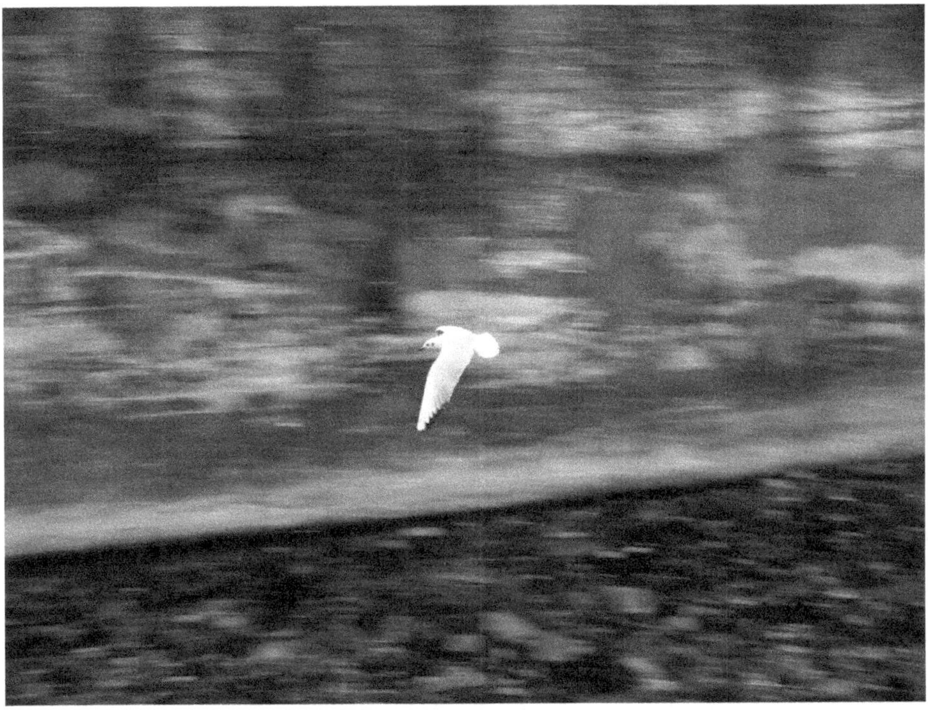

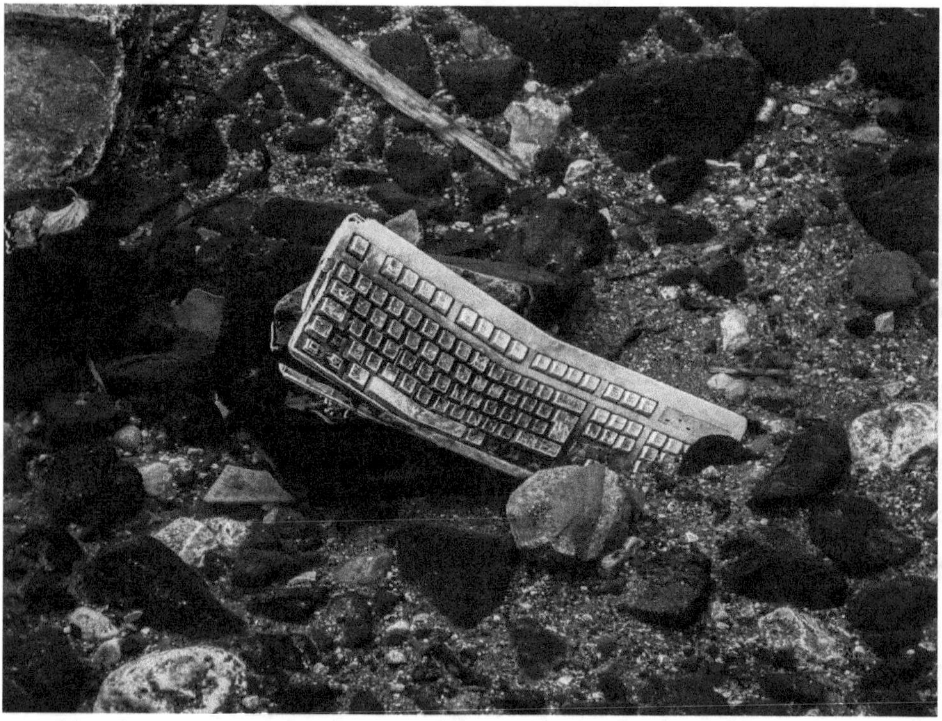

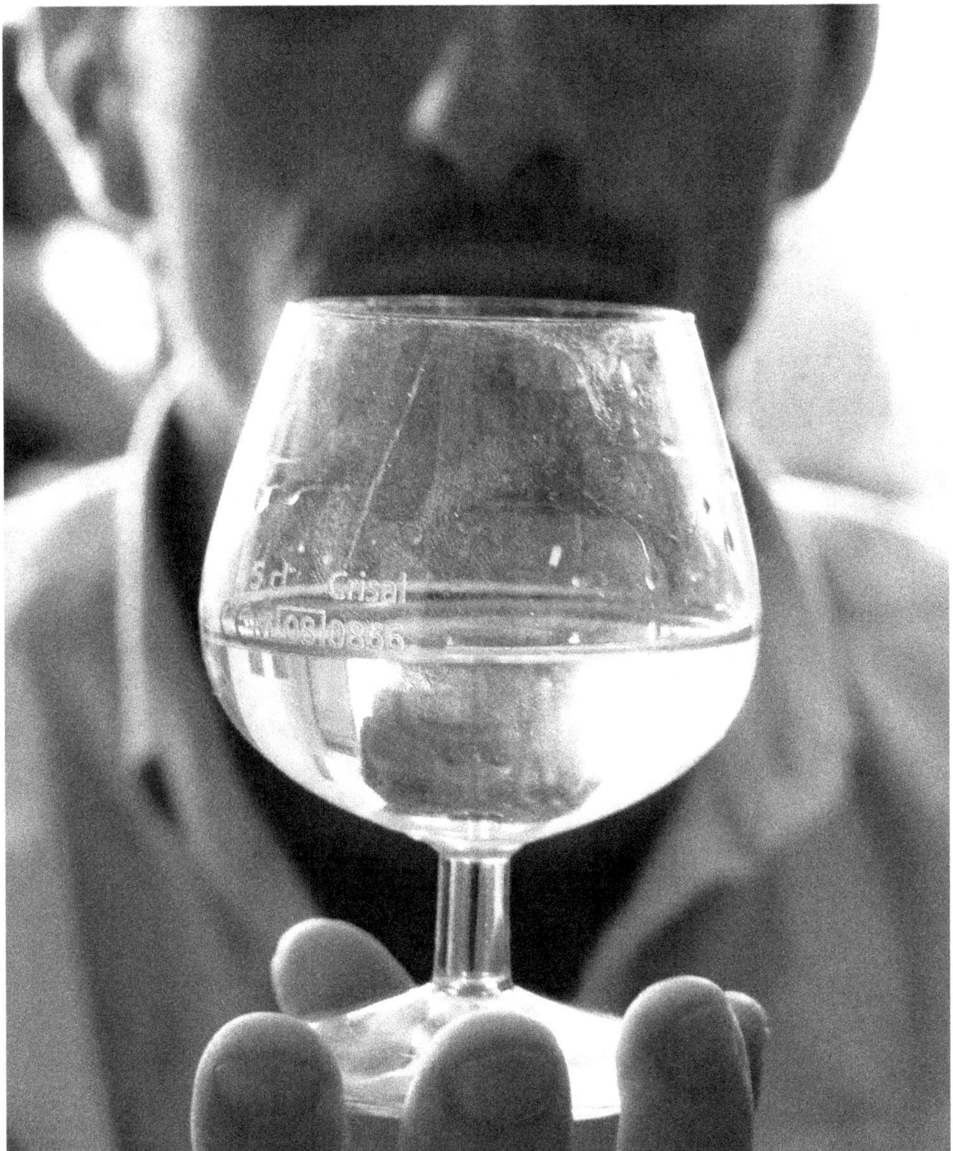
5 cl
Crisal

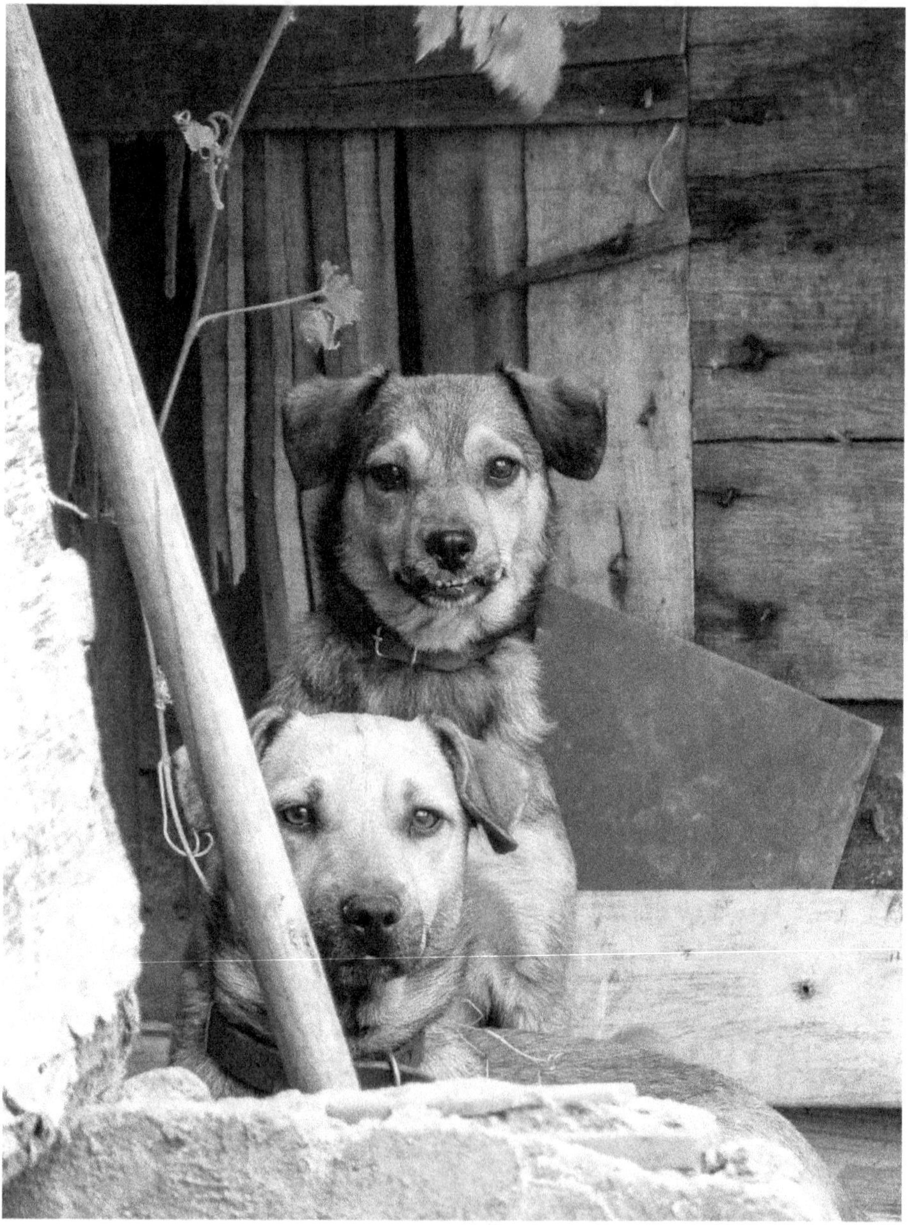

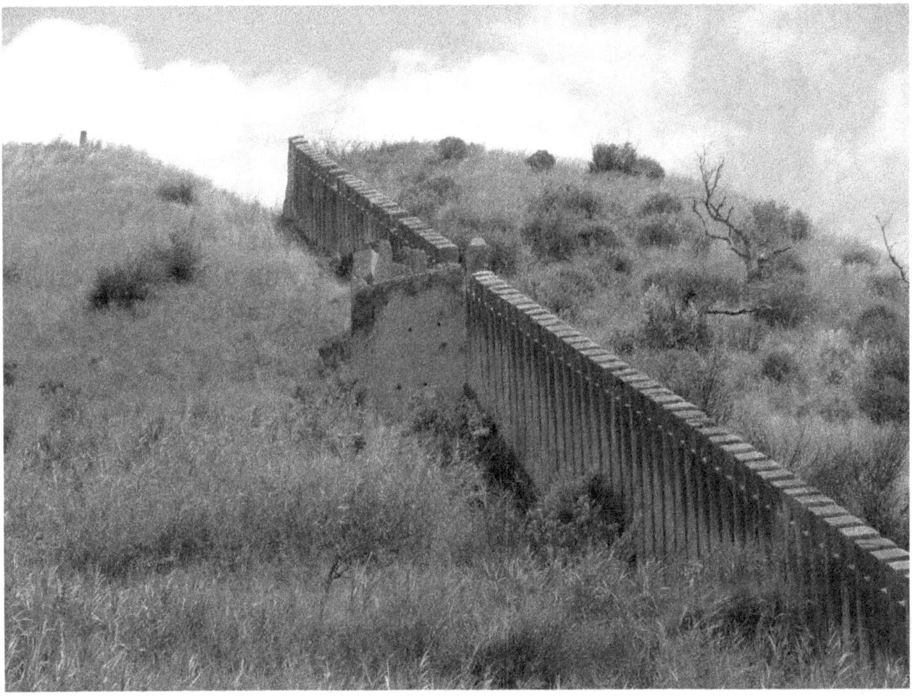

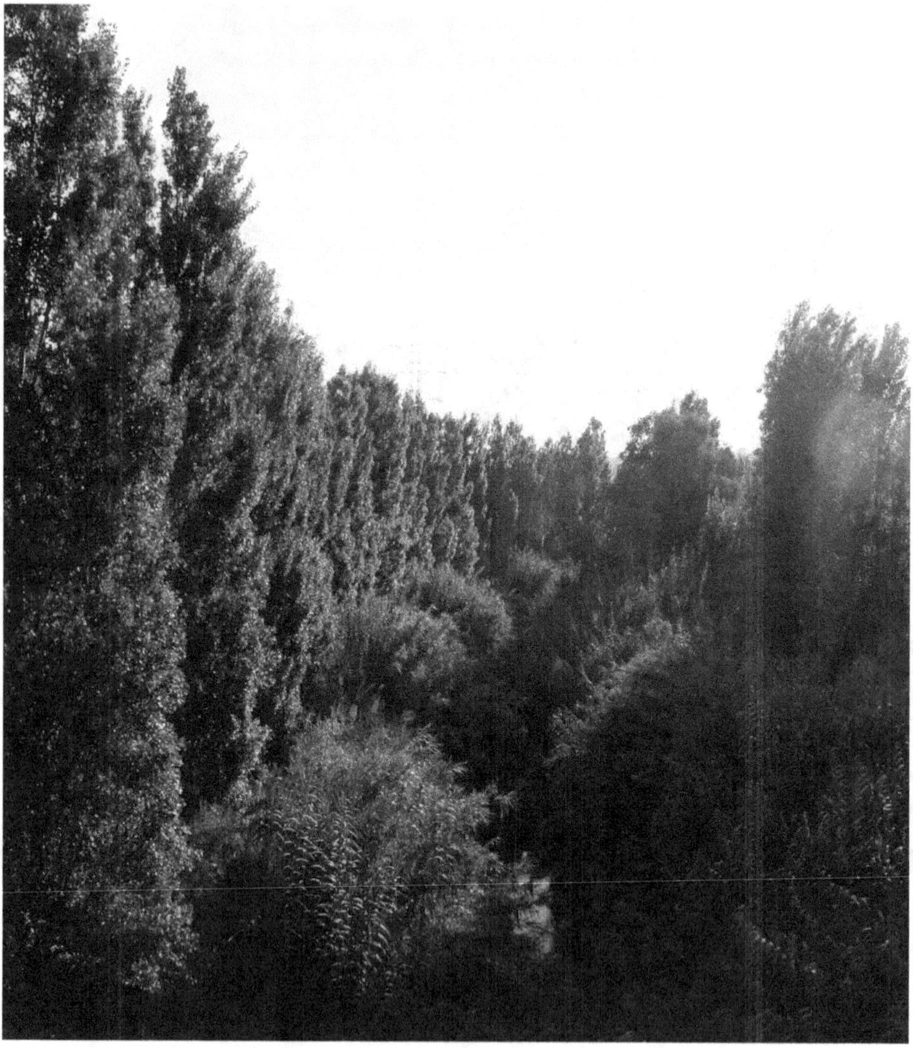

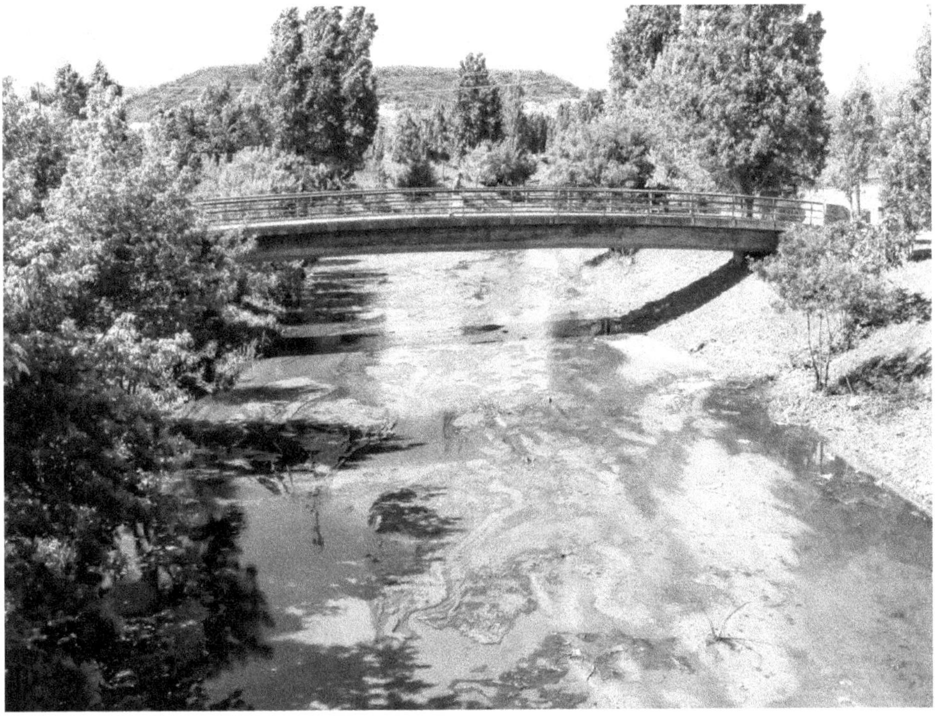

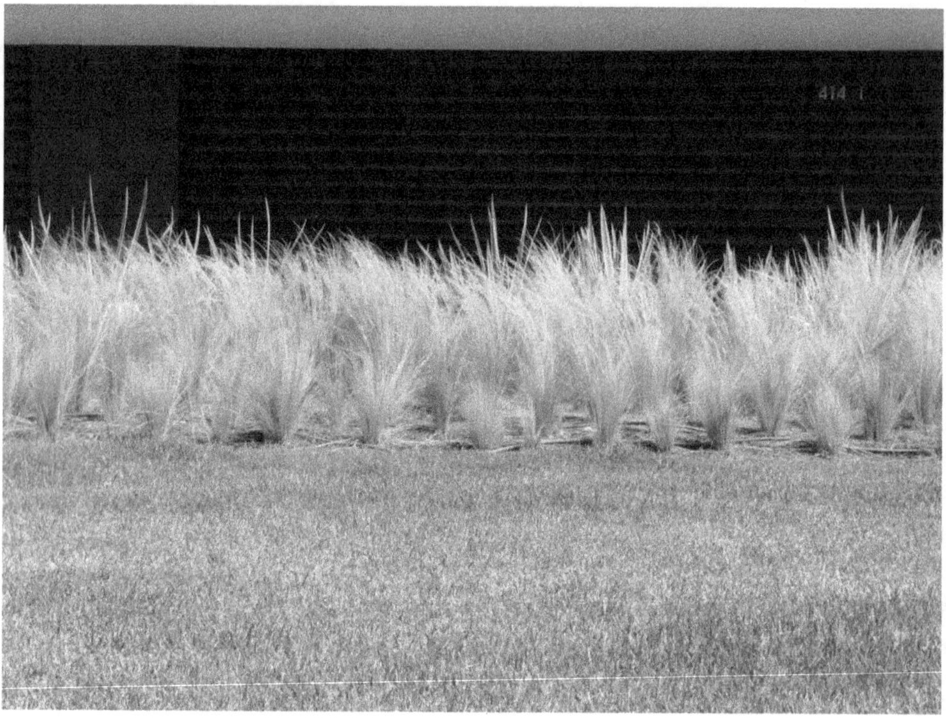
414

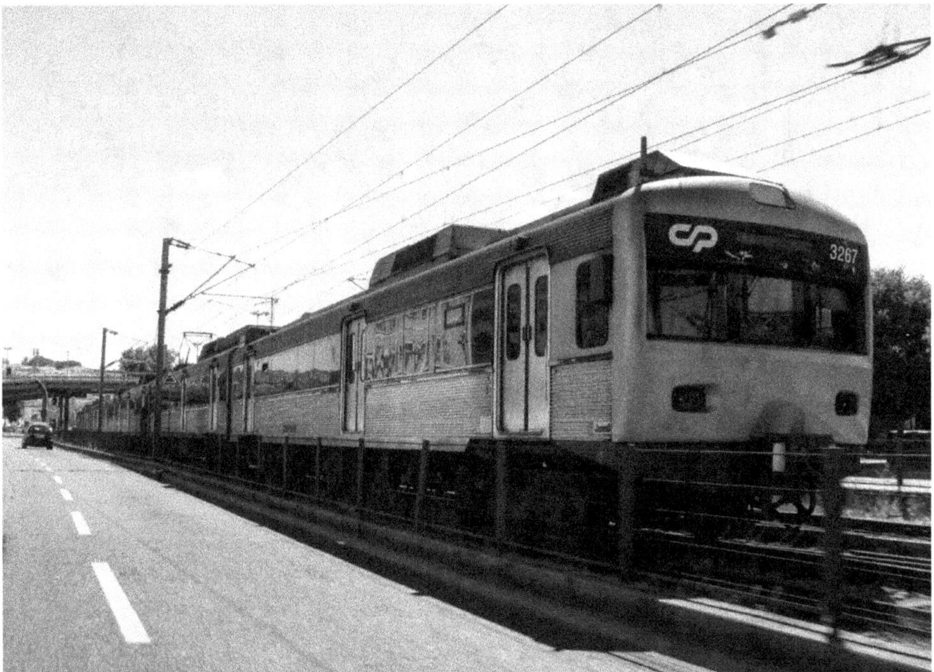
3267

www.ingramcontent.com/pod-product-compliance
Lightning Source LLC
Chambersburg PA
CBHW072259200526
45168CB00016B/2188